시니어 에센스 워크북 2

소명

사랑마루

시니어 에센스 워크북2 '소명' 과정

발행일_초판 2025년 1월 17일
발행인_문창국
발행처_사랑마루
편집인_강형규
기획/편집_강영아
미디어_장주한 이재훈 김남선
디자인_권미경 하수진
일러스트_최동호
홍보/마케팅_안용환 육준수
경영지원_조미정

집필_문관숙 고상희 이우섭 강지희
감수_박진숙

도서출판 사랑마루
서울시 강남구 테헤란로64길 17(대치동)
홈페이지 http://www.eholynet.org
등록 2011년 1월 17일 등록번호 제2011-000013호
ISBN_ 979-11-90459-45-7 03230
가격_11,000원

목차

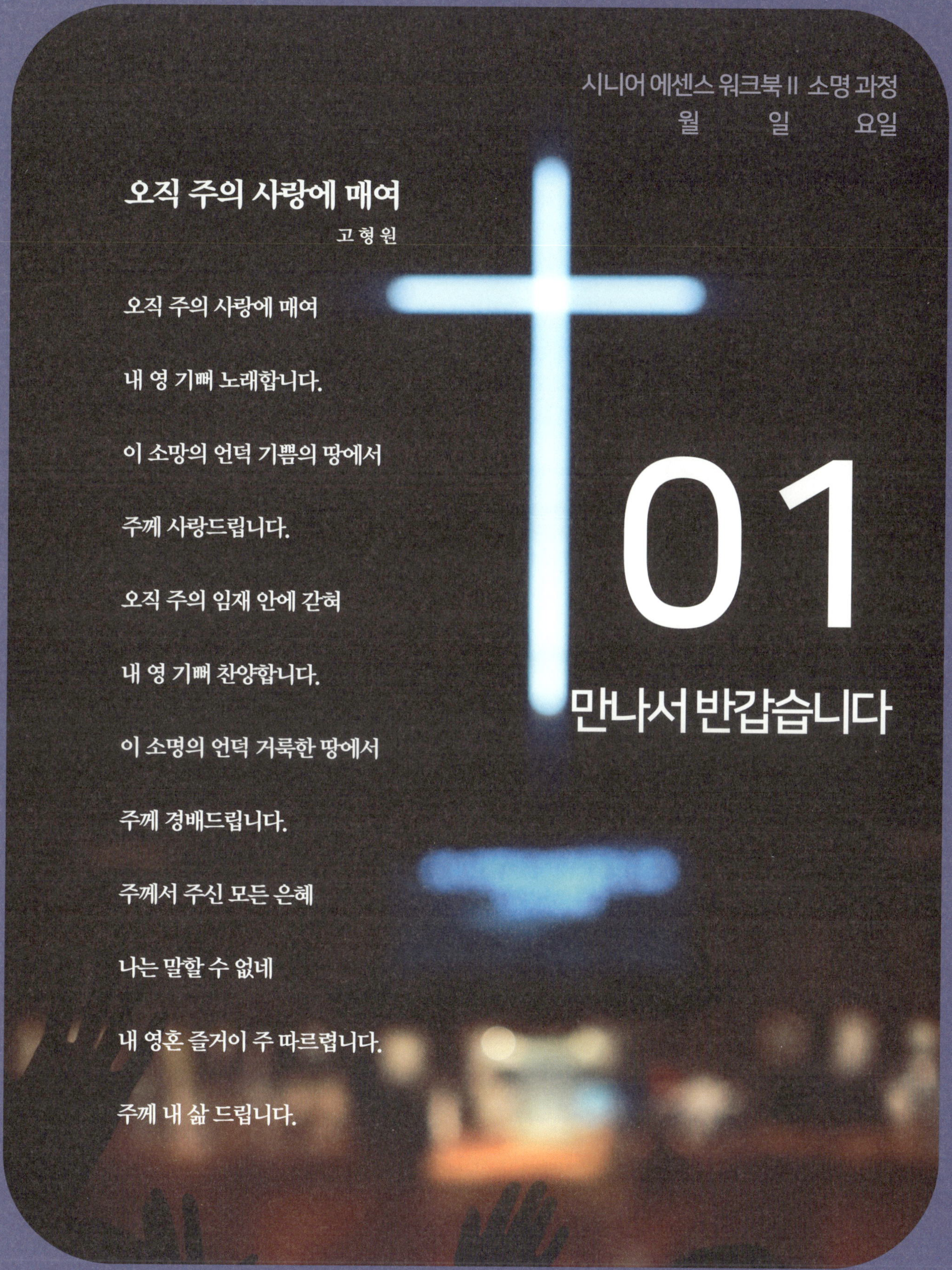

01

만나서 반갑습니다

오직 주의 사랑에 매여

고형원

오직 주의 사랑에 매여
내 영 기뻐 노래합니다.
이 소망의 언덕 기쁨의 땅에서
주께 사랑드립니다.
오직 주의 임재 안에 갇혀
내 영 기뻐 찬양합니다.
이 소명의 언덕 거룩한 땅에서
주께 경배드립니다.
주께서 주신 모든 은혜
나는 말할 수 없네
내 영혼 즐거이 주 따르렵니다.
주께 내 삶 드립니다.

깃발을 만들어 구호를 외치며 새로운 과정의 시작을 함께 응원합시다!

준비물

깃발도면(활동자료 p.63), 나무젓가락 1세트, 색 절연테이프

이렇게 참여해요.

1. 활동자료에 있는 깃발도면을 점선을 따라 뜯습니다.
2. 깃발 뒷면에 있는 질문에 답을 작성합니다.
3. 나무젓가락 두 개를 세로로 길게 연결하여 이은 후, 절연테이프를 돌려 붙여 깃대를 만듭니다.
4. 깃대(나무젓가락)에 깃발도면을 붙여 깃발을 완성합니다.
5. 완성된 깃발을 들고 '소명'과정 현수막 혹은 준비된 포토존으로 깃발을 들고 입장합니다.
6. 그룹별로 선창에 따라 후창으로 구호를 외친 후에 사진을 찍습니다.

진행자: 깃발 올리며 선창

"우리는 ○○교회 시니어"/ "소명을 찾아"/ "기뻐하는"/ "행복한 시니어"

시니어: 깃발 올리며 후창

"우리는 ○○교회 시니어"/ "소명을 찾아"/ "기뻐하는"/ "행복한 시니어"

깃발에 적어보세요.

1. 시니어 에센스 '소명'과정을 함께 하는 분들과 인사를 나누며 이름을 적어보세요.

2. 시니어 에센스 '소명'과정에서 기대하는 것은 무엇인가요?

3. 시니어 에센스 '소명'과정을 위해 기도하고 싶은 것은 무엇인가요?

02

소명에는 은퇴가 없습니다

말씀의 시니어

6 전제와 같이 내가 벌써 부어지고 나의 떠날 시각이 가까웠도다
7 나는 선한 싸움을 싸우고 나의 달려갈 길을 마치고 믿음을 지켰으니
8 이제 후로는 나를 위하여 의의 면류관이 예비되었으므로 주 곧 의로우신 재판장이
그 날에 내게 주실 것이며 내게만 아니라 주의 나타나심을 사모하는 모든 자에게도니라

디모데후서 4장 6-8절

| 내가 이것만큼은 꾸준하게 해왔다고 생각하거나, 꾸준하게 하려고 노력했다고 생각하는 것이 있나요?

| 내가 나이 들어서도 여전히 잘하는 장기(재능, 재주)가 있다면 무엇일까요?

1. 다시 보는 「노인과 바다」

저자 이름 ______________________________

주인공 이름 ______________________________

2. 다시 생각하는 은퇴

- 은퇴(隱退) = 숨을 은(隱) + 물러날 퇴(退)
  ⇨ 일을 놓고 물러나는 것
- retire = ________(다시) + __________(피곤하다 또는 바퀴)
  ⇨ 또 피곤해지다 VS 타이어를 다시 갈아 끼우고 다시 달릴 기회를 얻는다.
- "은퇴"에 대해 어떤 의미를 선택하고 싶으신가요?

3. 다시 세우는 __________ - 나는 크리스천 액티브 시니어입니다.

구분	기존 시니어	액티브 시니어
세대 특징	수동적, 보수적	적극적, 미래지향적
경제력	경제적 보유층이 적음	경제적 보유층이 두터움
노년 의식	인생의 황혼기	새로운 인생시작
가치관	본인을 노년층으로 인식	실제보다 5~10년 젊다고 생각
소비관	검소함	합리적인 소비생활
취미 활동	취미없음	다양한 취미
노후 준비	자녀세대에 의존	스스로 노후 준비
보유 자산	자녀에게 상속	자신의 노후를 위해 사용

출처: 산업연구원(2016), NH투자증권100세시대연구소

이처럼 시니어들 자신의 의식과 환경이 예전과는 많이 달라졌기에, 우리에게 하나님이 부르신 소명의 개념도 재정립할 필요가 있습니다.

소명은 큰 지도자들처럼 거창한 임무만을 의미하는 것이 아닙니다. 초반에 소개해 드렸던 헤밍웨이와 그의 친구 '그레고리오 푸엔테스'처럼 나의 삶 속에서 꾸준히 할 수 있는 것들, 해오던 일들이 하나님이 내게 주신 소명일 수 있습니다.

4. 소명에는 은퇴가 없습니다! – 크리스천 액티브 시니어로 살아가기!

소명 캘리그라피 액자 만들기

소명에 관한 글을 자신의 필체로 직접 쓰고, 액자에 넣어 예쁘게 꾸며 봅시다.

준비물

액자 도안(활동자료 p.65~67), 캘리그라피 용 붓펜이나 싸인펜, 두꺼운 종이(17×13cm), 꽃 스티커나 조화, 양면테이프

이렇게 참여해요!

1. 하나님께서 우리에게 소명을 주셨음을 기억하며 소명자로서 살아가기로 다짐하는 의미에서 소명에 관한 문구를 캘리그라피로 써보려고 합니다.
2. 아래의 예시 문구를 보면서 나는 어떤 문구를 쓸지 생각해 보세요.
   예) "소명", "소명에는 은퇴가 없습니다!", "나는 소명을 받은 000입니다!", "나는 소명자입니다!",
   "소명을 받은 나는 000!", "소명자 000! 등
3. 두꺼운 종이에 캘리그라피로 생각한 문구를 정성스럽게 작성합니다.
4. 친필로 쓴 글 중 제일 맘에 드는 것에 꽃이나 스티커로 꾸며봅니다.
5. 워크북 뒤에 있는 액자 프레임을 떼어 내어 양면테이프로 붙여 액자를 완성하고, 그 안에 작품을 넣어 완성합니다.

* 편의상 액자에 작품을 넣은 후 스티커나 꽃장식을 붙여도 좋겠습니다.

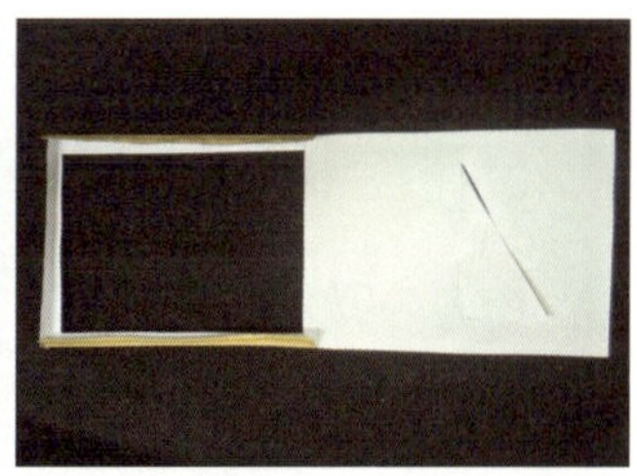

우리는 소명을 젊은 나이나, 특별한 사람에게만 준다고 생각하는 경향이 있습니다. 그러나 하나님은 은퇴한 이후에도 우리에게 소명을 주십니다. 직장에서 혹은 가정이나 교회에서 맡고 있던 여러 가지 일에서의 은퇴가 우리 인생의 은퇴는 아닙니다.

우리는 여전히 꿈이 있고, 에너지가 있으며, 공동체 안에서 어떤 역할을 할 수 있는 나이입니다. 우리 삶 속에서 하고 있는 크고 작은 일들을 향한 하나님의 부르심, 그 소명을 확인하며, 무슨 일이든지 할 수 있는 힘과 능력을 주신 것에 감사함으로 소명을 잘 감당하시길 바랍니다.

내가 평소에 하고 있는 일 중에 소명이라 생각되는 일의 목록을 적어 봅시다.
그리고 그 일을 이루었을 때의 마음 상태를 적어봅시다.

목록 : ______________________________

마음 : ______________________________

| 함께 찬양해요!

1. 내 구주 예수를 더욱 사랑(찬송가 314장)
2. 하나님의 부르심(손경민)

| 함께 기도해요!

1. 새로운 소명을 발견하고 하나님 안에서 기대와 소망, 활력을 가지고 생활할 수 있게 하소서.
2. 함께 소명을 찾고 이루어가는 시니어반 동역자들이 건강하게 소명을 이루어 갈 수 있게 하소서.
3. 시니어반 동역자들과 스태프들이 더욱 활기찬 일주일을 보낼 수 있게 하소서.

다음주 과제

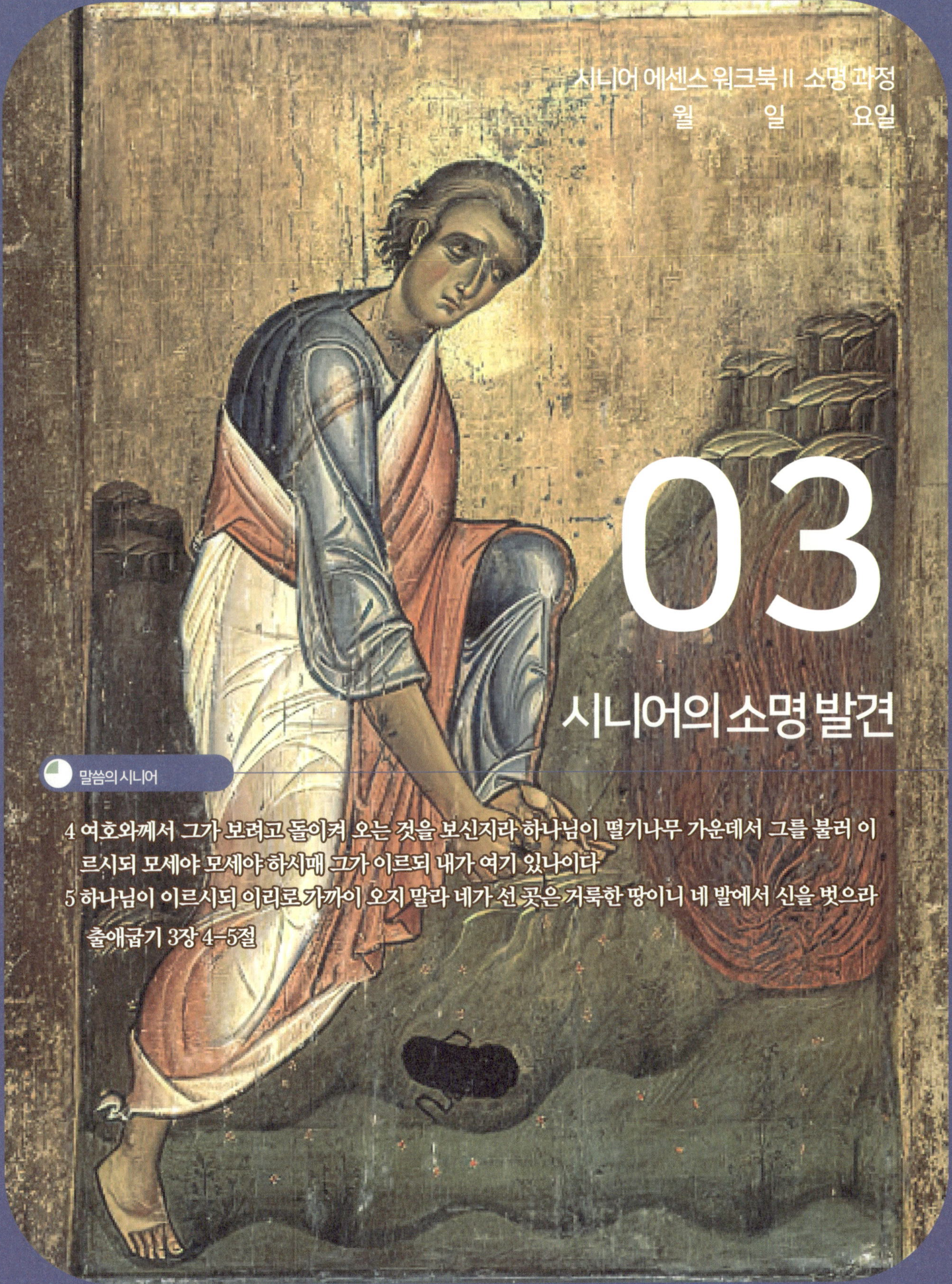

03

시니어의 소명 발견

말씀의 시니어

4 여호와께서 그가 보려고 돌이켜 오는 것을 보신지라 하나님이 떨기나무 가운데서 그를 불러 이
르시되 모세야 모세야 하시매 그가 이르되 내가 여기 있나이다
5 하나님이 이르시되 이리로 가까이 오지 말라 네가 선 곳은 거룩한 땅이니 네 발에서 신을 벗으라

출애굽기 3장 4-5절

| 요즘 내가 관심 있는 분야나, 최근에 하는 일을 다음의 그림 안에 적어봅시다.
그리고 자신이 적은 것에 대해 돌아가면서 나누어 주세요.

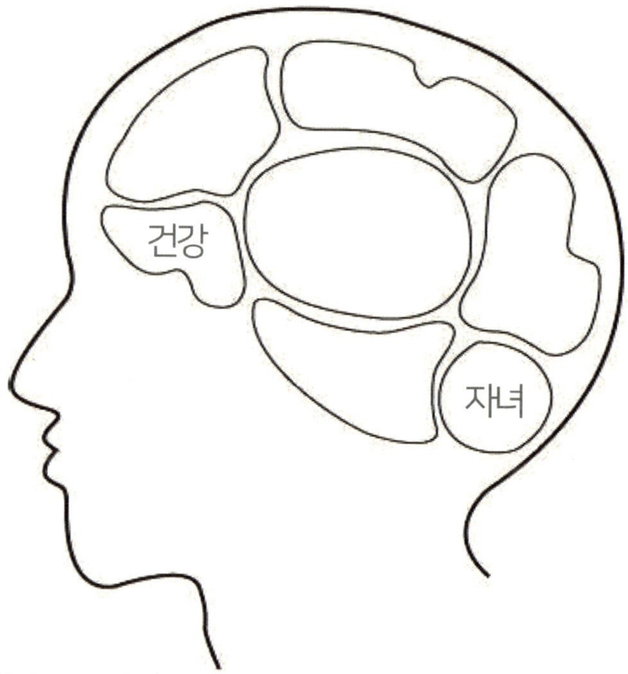

시니어의 소명 발견

1. 요즘 시니어들의 생각을 읽어봅니다.

최근 시니어들이 생각하는 평균 근로 희망 연령은 아래와 같습니다.

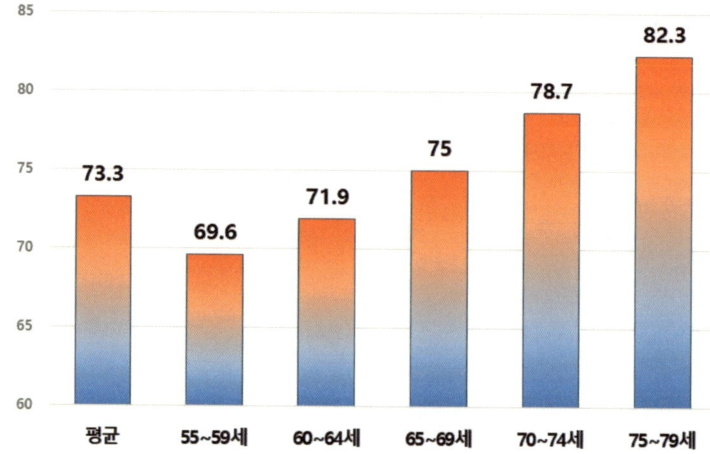

통계청. 2023. 경제활동인구조사:고령층 부가조사 결과

2. 내가 할 수 있는 일, 내가 해야 하는 일은 무엇일까요?

● ____________________ 에서의 영역

가. ____________________(λειτουργια, 레이투르기아)의 영역

나. ____________________(κήρυγμα, 케리그마)의 영역

다. ____________________(διακονία, 디아코니아)의 영역

라. ____________________(διδαχή, 디다케)의 영역

마. ____________________(κοινωνία, 코이노니아)의 영역

● ____________________에서의 영역

● ____________________에서의 영역

3. 소명을 발견한 시니어들의 이야기를 나누어 봅시다.

벤자민 프랭클린 (Benjamin Franklin)

스티븐 그레이서 (Stephen A. Greyser)

제인 구달 (Dame Jane Morris Goodall)

스튜어트 골드스타인 (Stuart N. Goldstein)

4. 오늘 내 삶을 세상에 어떻게 기여할 수 있을까요?

○○○의 인생소명 Car

그동안 해오던 일 중에 '이것이 소명이었구나!'라고 생각한 것이 있으신가요? 또는 가정을 위해, 교회를 위해, 사회를 위해 나를 부르신 소명에는 무엇이 있을까요? 이것을 생각하여 보고 정리해서 나만의 인생소명 Car를 만들어 봅시다.

준비물

자동차 그림·자동차 바퀴 조각 그림(활동자료 p.69~71), 할핀(Y핀) 2개, 필기도구, 투명테이프

이렇게 참여해요!

1. 은퇴는 뒤로 물러나기만 하는 것이 아니라, 망가진 바퀴를 다시 갈아 끼워 새롭게 길을 떠나는 자동차처럼 새로운 인생에 도전해보는 것임을 기억하며 은퇴(retire)가 갖는 새로운 의미를 되새겨 보도록 합시다.
2. 자동차 그림의 뒷바퀴에 이전에 감당했었던 소명이 있었다면 무엇이었는지, 앞바퀴에는 앞으로 하고자 하는 소명에는 무엇이 있는지 4가지씩 적어봅니다.
3. 자동차 그림, 바퀴 조각 그림을 각각 뜯어내고, 바퀴 조각 그림을 자동차에 붙어있는 바퀴 위에 얹어 할핀으로 고정하여 줍니다. 이때 할핀에 찔리지 않도록 조심히 끼우고, 뒷면에 투명테이프를 붙여줍니다.
4. 바퀴를 돌려가며 옆에 계신 분들과 자신의 소명을 소개하도록 합니다.

시간이 흘러 어느덧 시니어가 된 것이 때때로 믿기지 않고, 아쉽고, 허전한 마음이 들 때도 있습니다. 그러나 우리는 액티브 시니어로서 지속해서 소명을 발견하고 내 삶의 의미를 확인하며 건강한 삶을 살 수 있습니다. 이미 많은 시니어가 그것을 증명하며 살고 있습니다. 우리 또한 우리의 삶 속에서 하나님이 부르신 우리만의 소명을 이루며 살아갈 수 있습니다. 지금 나의 부르심은 무엇인지 생각해 보고 이 소명을 다하기 위하여 몸과 마음과 영적인 건강을 지키기 위해 노력하며 나와 가정, 교회와 사회 속에서 주님이 주시는 기쁨과 행복을 누리며 살아갈 수 있기를 소망합니다.

'○○○의 인생 소명 Car'에 적었던 4가지의 소명을 기억하며, 소명을 이루기 위한 실천사항을 적고 행하기로 다짐해 봅시다. 소명을 꾸준히 이루기 위한 작은 실천활동 체크 리스트를 만들고 7일 동안 실천하였는지 체크하여 봅시다.

실천활동 체크 리스트

소명 제목	실천 활동	1일	2일	3일	4일	5일	6일	7일

| 함께 찬양해요!

1. 영광을 받으신 만유의 주여(찬송가 331장)
2. 나의 피난처 예수(시와 그림)

| 함께 기도해요!

1. 시니어로서 소명을 발견하게 하시고 소명을 이루고자 하는 마음 주심을 감사합니다.
2. 건강한 몸과 마음으로 소명을 잘 감당할 수 있게 하소서.
3. 시니어반에 함께 하는 동역자들과 스태프들도 하나님이 주신 소명 안에서 기쁘게 감당할 수 있게 하소서.

다음주 과제

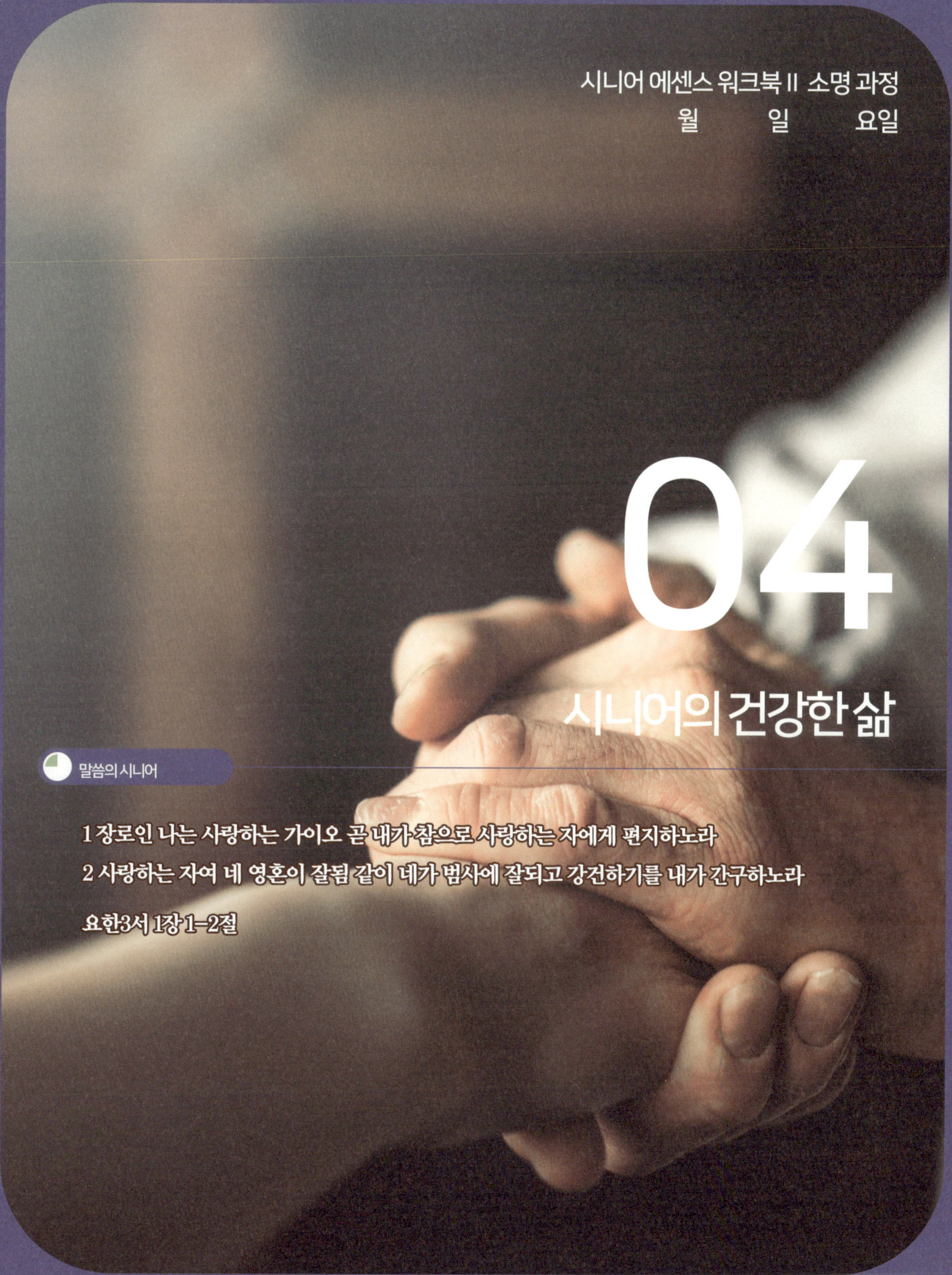

04 시니어의 건강한 삶

말씀의 시니어

1 장로인 나는 사랑하는 가이오 곧 내가 참으로 사랑하는 자에게 편지하노라
2 사랑하는 자여 네 영혼이 잘됨 같이 네가 범사에 잘되고 강건하기를 내가 간구하노라

요한3서 1장 1-2절

| 시니어의 건강한 삶에 영향을 주는 요소들은 매우 다양합니다.
아래의 보기 중에서 자신에게 해당이 된다고 생각하는 단어들을 모두 골라서
○ 표시를 해보세요

'시니어의 건강' 과 관련된 이슈들

-

각종 만성질환(고혈압, 당뇨, 허리통증, 관절염, 골다공증, 기억력장애, 심혈관 질환, 소화불량), 운동부족, 저체중, 비만, 치과질환, 안과질환, 청력감퇴, 무리한 노동, 만성피로, 무기력증, 우울감, 고독함 (기타: ________________)

+

규칙적인 운동, 식단조절, 체중관리, 숙면, 영양제 섭취, 건강검진, 예방접종, 등산, 산책, 걷기(혹은 달리기), 꾸준한 양치 및 구강관리, 금주, 금연, 취미활동, 사회활동, 지인들과의 교류 (기타: ______________________________)

1. 기대수명과 건강수명

'기대수명(life expectancy)'이라는 말을 들어보셨나요?

0세의 출생아가 향후 생존할 것으로 기대되는 ____________를 뜻하는 단어입니다. 다른 말로는 _________또는 ________이라고도 합니다.

이제는 무조건 오래 사는 것이 아니라 어떻게 하면 건강을 유지한 상태로 오래 잘 살 수 있는지에 대한 관심이 높아지고 있습니다. 그래서 최근에는 기대수명과 함께 바로 '건강수명'이 주목을 받고 있습니다.

건강수명 = 기대수명 − [   ]

2. 시니어의 건강을 노리는 2가지 위협

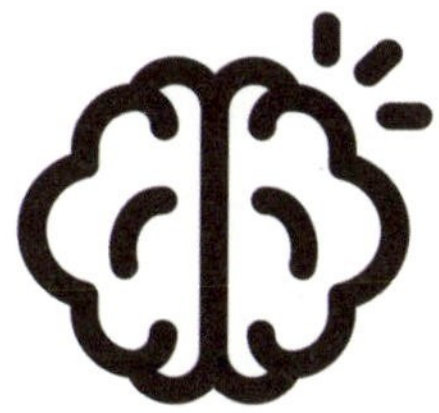

● __________의 위험

"나이가 들어서 __________면 __________도 함께 넘어간다!"

생활속 ________예방을 위한 체크리스트

☐ 화장실이나 주방의 ______를 잘 제거할 것

☐ ______을 환하게 유지할 것

☐ 이동 시에 가구의 돌출부를 주의하거나 위험하지 않도록 재배치할 것

☐ 바퀴 달린 의자, 오래되어서 삐걱거리는 의자는 튼튼한 것으로 교체할 것

☐ 문턱, 각종 ______, 멀티탭 등이 발에 걸리지 않도록 숨기거나 정리할 것

☐ 바닥에 수건, 책, 전단지 등이 놓여있어서 실수로 밟지 않도록 주의할 것

☐ 매년 ______검사를 하고 잘 보이지 않을 때에는 안경 등을 착용할 것

☐ 평소 복용하는 약이 어지러움과 두통을 유발하는지 확인할 것

☐ 누워있거나 앉아있다가 갑자기 일어나지 말고 천천히 일어날 것

☐ 무엇보다 운동을 통해서 ______과 ______을 기를 것

• __________의 위험

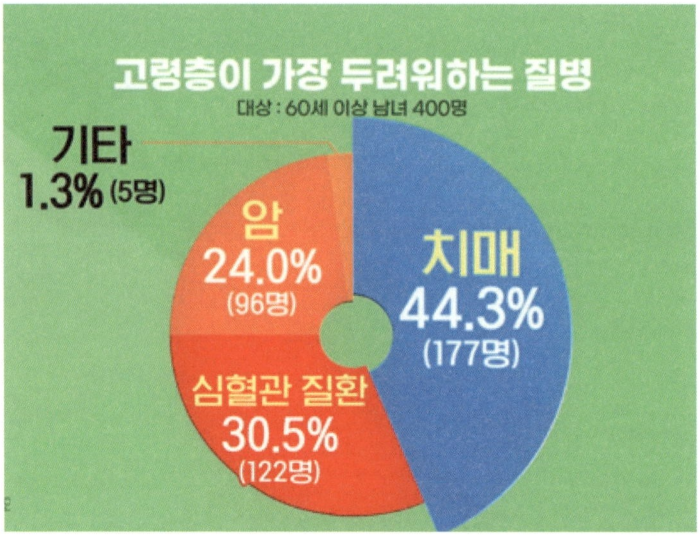

출처.
한국보건사회연구원. 2016

건망증과 치매의 차이점	
건망증	**치매**
사건의 ______만 잊습니다.	사건의 ______을 잊습니다.
______를 주면 금방 기억을 떠올립니다.	______를 주어도 기억을 떠올리지 못합니다.
대부분 자신의 기억력이 예전보다 감소했음을 인지하고 __________ 등을 이용하여 보완하려고 노력을 시도합니다.	자신의 기억력 저하를 모르거나 __________ 경우도 많습니다.

"치매의 전 단계인 경도인지장애를 조기에 발견하는 가장 효과적인 방법은 보건소나 치매안심센터를 통한 정기적인 검사입니다."

3. 대표적인 치매의 종류

알츠하이머형 치매

전체의 약 70% 이상을 차지하는 치매

알츠하이머는 병을 발견한 의사의 이름

이상단백질이 뇌 속에 쌓이면서 뇌세포가 퇴행

비교적 서서히 진행

혈관성 치매

전체의 약 17%를 차지하는 치매

뇌졸중이 반복되면서 뇌가 파괴되어 발생

고혈압, 당뇨, 심장병, 흡연 등도 원인

비교적 급격하게 진행

치매예방수칙 3.3.3

3 권(勸) 즐길 것	**운동** 일주일에 3번 이상 걸으세요.	**식사** 생선과 채소를 골고루 챙겨 드세요.	**독서** 부지런히 읽고 쓰세요.
3 금(禁) 참을 것	**절주** 술은 한 번에 3잔보다 적게 마시세요.	**금연** 담배는 피지 마세요.	**뇌손상 예방** 머리를 다치지 않도록 조심하세요.
3 행(行) 챙길 것	**건강검진** 혈압, 혈당, 콜레스테롤 3가지를 정기적으로 체크하세요.	**소통** 가족과 친구를 자주 연락하고 만나세요.	**치매 조기발견** 매년 보건소에서 치매조기검진을 받으세요.

주관적 기억감퇴 체크리스트

☐ 자신의 기억력에 문제가 있다고 생각하십니까?

☐ 자신의 기억력이 10년 전보다 나빠졌다고 생각하십니까?

☐ 자신의 기억력이 또래의 다른 사람들에 비해 나쁘다고 생각하십니까?

☐ 기억력 저하로 인해 일상생활에 불편을 느끼십니까?

☐ 최근에 일어난 일을 기억하는 것이 어렵습니까?

☐ 며칠 전에 나눈 대화 내용을 기억하기 어렵습니까?

☐ 며칠 전에 한 약속을 기억하기 어렵습니까?

☐ 친한 사람의 이름을 기억하기 어렵습니까?

☐ 물건 둔 곳을 기억하기 어렵습니까?

☐ 이전에 비해 물건을 자주 잃어버립니까?

☐ 집 근처에서 길을 잃은 적이 있습니까?

☐ 가게에서 2~3가지 물건을 살 때 물건 이름을 기억하기 어렵습니까?

☐ 가스불이나 전기불 끄는 것을 기억하기 어렵습니까?

☐ 자주 사용하는 전화번호(자신 혹은 자녀의 집)를 기억하기 어렵습니까?

4. 치매를 대하는 성도의 자세

"치매가 와도 당신은 여전히 '하나님의 형상'입니다."
"하나님은 절대로 치매 환자를 잊지 않으십니다."

교회에서 파악할 수 있는 치매 의심 증상들

교인들 중에서 다음과 같은 모습을 보이는 분이 있는지 살펴보세요.

1. 잘 알고 지내던 교인들의 이름과 얼굴을 연결시키지 못하거나, 이름은 알아도 집사님인지 전도사님인지 분별을 못하는 경우

2. 헌금하는 것을 잊어버려서 평상시에 늘 하던 십일조와 각종 헌금을 멈추거나 혹은 여러 번 내는 경우

3. 교회를 찾지 못해서 예배 시간에 늦거나, 각종 모임 시간에 지각 또는 결석을 하는 경우, 혹은 예배를 드리러 두세 번 오는 경우

4. 심방 약속을 했는데 약속 시각이나 날짜를 전혀 다르게 기억하고 있거나 하지 않은 약속을 했다고 생각하는 경우

5. 교회에서 물건을 구매할 때 값을 치르지 않고는 돈을 줬다고 우기거나 혹은 매번 똑같은 물건이나 잘못된 물건을 사는 경우

6. 이전과 달리 교회의 다른 성도를 향해 모함이나 비난을 하는 경우

7. 갑자기 말수가 줄어들고 의사소통에 문제가 생기는 경우

참여하는 시니어

낙상예방을 위한 말씀센서등 만들기

인도자의 안내를 따라서
아래의 말씀이 적힌
말씀센서등을 만들어보세요.

"주의 말씀은
내 발에 등이요
내 길에 빛이니이다"
시편 119편 105절

성결한 시니어

우리에게 소명을 주신 삶을 다하기 위해 건강하게 살 수 있도록 힘을 냅시다.
오늘 만든 말씀센서등을 집안에 설치하고 불이 들어올 때마다 시편 말씀을 암송해보세요.

| 함께 찬양해요!

1. 하나님은 너를 지키시는 자
2. 너 근심 걱정 말아라(찬송가 382장)

| 함께 기도해요!

1. 하나님이 주신 건강을 잘 지켜서 소명을 감당할 수 있게 하소서.
2. 시니어반에 함께 하는 동역자들과 스태프들의 건강을 인도하소서.

다음주 과제

월 일 요일

05 시니어의 경제적 삶

말씀의 시니어

5 너는 마음을 다하여 여호와를 신뢰하고 네 명철을 의지하지 말라
6 너는 범사에 그를 인정하라 그리하면 네 길을 지도하시리라
7 스스로 지혜롭게 여기지 말지어다 여호와를 경외하며 악을 떠날지어다
8 이것이 네 몸에 양약이 되어 네 골수를 윤택하게 하리라
9 네 재물과 네 소산물의 처음 익은 열매로 여호와를 공경하라
10 그리하면 네 창고가 가득히 차고 네 포도즙 틀에 새 포도즙이 넘치리라

잠언 3장 5-10절

| 만일 여러분에게 200만 원의 예산이 있다면 이번 한 달 동안 그 돈을 어떻게 사용하실 것인지 아래의 표에 각각 금액을 적어보세요. 정확한 지출이 아니어도 괜찮습니다. 생각나는 대로 대략적인 금액을 적되 200만 원을 넘지 않도록 하시면 됩니다. 만약 생각하는 지출항목이 없는 경우에는 빈칸에 항목을 추가로 적어서 작성해보세요.

이번 달 지출계획	
식비	원
의료비(병원, 약국)	원
교통비(주유비, 차비)	원
통신비(휴대폰, 인터넷)	원
생필품 구입비	원
문화생활비(여가, 취미활동 등)	원
헌금 및 경조비	원
각종 보험료	원
월세, 각종 공과금	원
기타(예-손주 용돈)	원
	원
	원
지출합계	2,000,000원

지출계획서를 적기가 쉬우셨나요, 아니면 어려우셨나요? 습관이 되어있는 분들은 금방 작성하셨겠지만, 돈을 배분하기가 도무지 쉽지 않은 분도 있었을 것입니다. 어떤 분들은 태어나서 처음으로 구체적인 지출계획을 작성 해보신 분들도 계실 겁니다. 이번 달 지출계획을 다 작성하고 나서 어떤 항목에 돈이 제일 많이 들어갔는지 순서를 매겨보세요. 그리고서 과연 어떤 생각이 들었는지 옆에 있는 분들과 이야기를 나누어보세요.

1. 노년기 경제문제의 심각성

대한민국의 '노인빈곤율'은 OECD주요국가들 가운데 __________위입니다.

- 노인 빈곤율이 높은 이유

  다른 선진국에 비해서 비교적 늦게 이루어진 공적연금의 도입

  노후대비를 위해 사용해야 하는 퇴직금을 중간에 사용하는 경우가 많음

  젊은 시절에 노후를 위한 저축을 미처 하지 못함

  자녀들의 교육이나 결혼, 사업을 위해서 큰 비용을 지출함

2. 시니어의 경제적인 삶을 위협하는 요소들

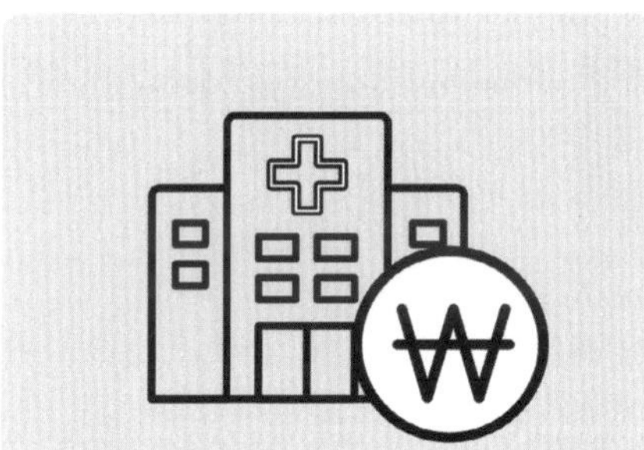

과도한 (   ) 지출

준비되지 않은 (   )시도

(   )에 대한 지원과 의존

(   )등의 금융범죄

● 노인 대상 사기 및 범죄의 사례

(따르릉) 서울중앙지검 수사관 홍길동입니다. ○○○선생님 맞으시죠? 지금 어르신 명의로 대포통장이 개설되어 범죄에 이용되고 있습니다. 범죄에 연루된 피해금을 안전하게 보관하기 위해, 알려드리는 계좌로….

평소 암, 심장질환 등 병원 진료를 받고 있던 60대 여성 A 씨는 떴다방(홍보관)에서 모든 질병을 낫게 해준다는 판매원의 말만 믿고 건강식품 20박스를 36개월 할부로 500만 원에 구입하였습니다. 다음달 A 씨는 해당 식품의 섭취로 지병이 악화될 수 있음을 알게 되어 계약해지를 요구했지만 사업자가 과도한 해지수수료를 청구하는데….

● 보이스피싱

보이스피싱 = (   ) + (   )

보이스(Voice)   +   피싱(Fishing)

보이스피싱은 전화로 피해자에게 거짓말을 해서 돈을 빼내는 금융사기 수법입니다. 아래와 같은 다양한 유형의 범죄가 이루어지고 있으므로 각별히 유의할 필요가 있습니다.

▶__________형: 검찰, 경찰 등 수사기관이나 금융감독원 등을 사칭
▶__________형: 전화나 문자메시지 등으로 대출 상담 등을 가장하여 접근한 후, 돈을 보내도록 요구하거나 대출을 받게 하여 이를 가로채는 방식
▶__________형: 자녀를 납치했다고 속이며 돈을 요구
▶__________형: 자녀가 사고를 당했다며 수술비 명목으로 돈을 요구

● 파밍

파밍은 가짜 웹사이트를 통해 계좌번호나 비밀번호 등의 금융거래 정보를 알아내 돈을 가로채는 수법입니다. 금융사기범들은 가짜 웹사이트로 연결될 수 있도록 이메일, 문자 등을 보내고, 피해자가 가짜 웹사이트에 개인정보를 입력하면 이를 알아내어 돈을 빼내갑니다. 또한 피해자의 컴퓨터를 감염시키고 원격제어 프로그램을 이용해 개인정보에 접근하기도 합니다.

● 스미싱

스미싱이란 문자메시지(SMS)와 전자금융사기(Phising)의 합성어입니다. 악성코드가 포함된 문자메시지를 피해자에게 전달해 핸드폰을 감염시켜 소액결제와 같은 방법을 통해 돈을 빼가거나 개인정보를 몰래 탈취하는 금융사기입니다. 돌잔치, 택배안내 등 관심을 가질 만한 문자메시지를 발송해 링크(영어로 된 인터넷 주

소)에 접속하도록 유도하는 수법을 씁니다.

● 메신저피싱

메신저피싱은 가족이나 친구 등을 사칭하며 급하게 돈이 필요하다는 명목으로 카카오톡이나 밴드와 같은 메신저를 통해 송금을 요청해 피해자의 돈을 가로채는 금융사기입니다. 주로 소액을 요구하는 경우가 많아 피해자들이 별 생각없이 송금해 주는 경우가 많습니다.

● 공짜 선물과 잔치를 가장한 상술

노인정이나 회관 등에서 경로잔치를 베풀어 주고 건강식품이나 고가의 물건 등을 판매하는 상술은 주의해야 합니다. 잔치나 건강 강좌 등에 초대하면서 제품 구매를 유도하는 경우에는 나에게 꼭 필요한 물건인지, 반품은 가능한 것인지 신중하게 따져보고 제품 구입을 결정해야 합니다.

그리고 이 때, 하나를 사면 공짜로 하나를 더 준다거나 '당첨'이라는 말로 소비자를 유인해 주소와 연락처 등을 알아낸 뒤 상품을 보내고 대금을 청구하는 방식은 경계해야 합니다. 물건을 강매한 후에 포장박스를 판매자가 수거해가거나 소비자에게 포장을 개봉하도록 유도해 상품이나 포장이 훼손되었다는 이유로 반품을 거절하는 상술도 있습니다. 직접 상자를 뜯어서 물건을 보는 것이 아니라 견본을 요구하여 제품을 확인해야 합니다. 그리고 자신의 의사와 상관없이 물품이 배달되거나 구입 의사가 없는 경우에는 반드시 14일 이내에 반품 의사를 꼭 표시해야 합니다.

금융감독원에서는 보이스피싱과 같은 전화금융사기 예방을 위해 다음과 같이 10계명을 만들어 발표하였습니다. 다음의 내용만 잘 숙지해도 보이스피싱은 충분히 예방할 수 있습니다.

①전화로 정부기관이라며 자금이체를 요구하면 일단 보이스피싱 의심
②전화·문자로 대출을 권유받는 경우 무대응 또는 금융회사 여부 확인
③대출 처리비용 등을 이유로 선입금 요구시 보이스피싱 의심
④저금리 대출을 위한 고금리 대출 권유는 100% 보이스피싱
⑤납치·협박 전화를 받는 경우 자녀 안전부터 확인
⑥채용을 이유로 계좌 비밀번호 등을 요구시 보이스피싱 의심
⑦가족 등을 사칭하며 금전 요구시 먼저 본인 확인
⑧출처 불명 파일·이메일·문자는 클릭하지 말고 삭제
⑨금융감독원 팝업창이 뜨고 금융거래정보 입력 요구시 100% 보이스피싱
⑩보이스피싱 피해 발생시 즉시 신고 후 피해금 환급 신청

만약 금융사기범에 속아 피해를 입은 경우 아래의 기관에 즉시 신고하여 안내에 따라 필요한 조치를 취해야 합니다.

지급정지·피해신고 (경찰청) ☎ 112
피싱사이트 신고 (한국인터넷진흥원) ☎ 118
피해상담 및 환급 (금융감독원) ☎ 1332

피해금 환급 절차에 대해서는 금융감독원과 경찰청이 운영하는 '보이스피싱지킴이(phishing-keeper.fss.or.kr)'에서 정보를 얻을 수 있습니다.

참여하는 시니어

OX퀴즈 풀기(시니어금융교육협의회 홈페이지)

오늘 배운 내용들을 얼마나 잘 이해했는지 'OX퀴즈'를 풀면서 확인해보겠습니다.

준비물

인터넷 접속 가능한 컴퓨터 혹은 모바일 기기

이렇게 참여해요!

1. 인터넷에서 옆의 주소로 접속합니다. http://www.sfec.or.kr/onlineEducation/KRX.html
   (모바일 기기는 QR코드로 접속 가능합니다.)

2. 위의 주소로 접속하여 '가운데 탭'에 있는
   '금융 사기 OX 퀴즈'를 누르면 다음과 같은 화면이 나옵니다.

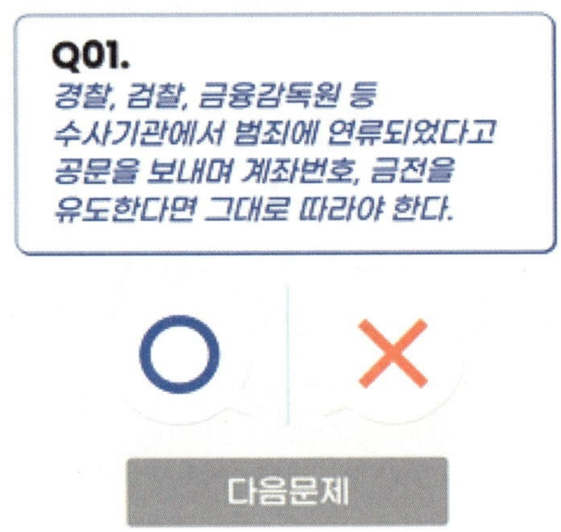

3. 문제를 보고 O, X표시를 선택하여 퀴즈를 풉니다.
   1~10번 퀴즈까지 화면을 보면서 함께 문제를 풀고
   정답 해설 화면을 같이 읽어봅니다.

성결한 시니어

| 함께 찬양해요!

1. 주만 바라볼지라(하나님의 사랑을 사모하는 자)
2. 주의 약속하신 말씀 위에서(찬송가 546장)

| 함께 기도해요!

1. 지혜로운 경제생활을 통해 맡겨진 소명을 잘 감당하게 하소서.
2. 우리 가정과 자녀들, 섬기는 교회가 물질적인 어려움을 당하지 않게 하소서.

다음주 과제 이번 한 주간 노년 대상 범죄 예방교육 영상을 시청해 보세요.

*노후자금을 노리는 사기에 당하지 않는 방법 (KBS 아침마당)
https://www.youtube.com/watch?v=irsBT38movU

월 일 요일

06

시니어의 관계적 삶1

말씀의 시니어

11 하나님이 모든 것을 지으시되 때를 따라 아름답게 하셨고 또 사람들에게는 영원을 사모하는 마음
을 주셨느니라 그러나 하나님이 하시는 일의 시종을 사람으로 측량할 수 없게 하셨도다
12 사람들이 사는 동안에 기뻐하며 선을 행하는 것보다 더 나은 것이 없는 줄을 내가 알았고
13 사람마다 먹고 마시는 것과 수고함으로 낙을 누리는 그것이 하나님의 선물인 줄도 또한 알았도다

전도서 3장 11–13절

| 하루의 일과를 어떻게 보내시는지요? 내가 아침, 점심, 저녁에 하는 일들과 맞는 스티커를 교재 뒷면에서 선택하여 일과에 붙여 봅시다.

스티커 : 기도, 운동, 식사, 독서, 청소와 살림, 가족돌봄, 친구만남, 취미(음악), 취미(미술), 산책, 등산, 간식과 음료마시기, 교회봉사, 사회봉사

1. 나-나의 관계

● 모지스 할머니

'바느질 모임 The Quilting Bee', 모지스 할머니, 1940-1950

2. 노년기의 '재미' 발견

시니어 여러분! 더 늦기 전에 가장 좋아하는 일이 무엇인지 알아보고, 좋아하는 일을 재미있게 하는 것을 통해서 행복한 삶을 보내셨으면 좋겠습니다. 우리가 노년기에 '재미'를 발견하려는 또 다른 이유는 자기 자신과의 시간을 잘 보내기 위해서입니다. 자신과의 시간을 잘 보내는 사람이 남과도 시간을 잘 보낼 수 있기 때문입니다.

3. 재미에 관한 인식개선

● 열심히 사는 삶은 옳지만, 재미있는 삶은 틀리다고 생각하지 맙시다.

우리는 재미라는 단어를 좀처럼 잘 접하지 못했습니다. 살아가는 데 급급하다 보니, 재미있는 삶보다는 열심히 사는 삶을 살아왔고 그렇게 살아가고 있는 것이 사실입니다. 열심히 사는 건 알아도 재미있게 사는 건 모를 수 있다는 것입니다. 그러다 보니 "열심히 일하며 사는 것이 옳고, 재미있는 것을 찾는 삶은 틀리다."라고 생각할 수 있습니다. 그러나 우리가 알아야 할 것은 삶이 재미있을수록 행복지수가 높아진다는 것입니다.

4. 재미있는 삶을 위한 다섯 가지 제안

1. '가지기'입니다.
; 나만의 특별한 것을 수집하거나 모아보세요.

2. '키우기'입니다.
; 동식물을 키워보는 것도 좋아요.

3. '배우기'입니다.
; 새로운 것도 배워야 합니다.

4. '만들기'입니다.
; 인간은 창조적인 본능이 있습니다.

5. '만남'입니다.
; 다른 사람을 만나야 합니다.

(출처. 세바시 강연, 한국인이 행복하지 않은 이유, 김선진)

재미있는 일상을 위한 나의 5가지 이벤트

준비물

필기도구

이렇게 참여해요!

1. 워크북에 재미있는 삶을 위한 5가지 제안에 대해 실천하고 싶은 내용을 적어 봅니다.
2. 나의 소그룹에서 혹은 전체 모임에서, 순서대로 재미있는 삶을 위한 5가지 이벤트를 돌아가며 소개합니다.
3. 재미있는 일상을 계획하여 발표하는 분들을 큰 박수로 격려합니다.
4. 한 달 동안 가정에서 워크북에 계획한 내용을 실천하며, 실천내용을 기록합니다.

1. 모으기 / 내가 모으고 싶은 것은 무엇인가요?

2. 동식물 키워보기 / 나는 무엇을 키워보고 싶은가요?

3. 배우기 / 나는 무엇을 배우고 싶은가요?

4. 만들기 / 내가 만들어 보고 싶은 것 혹은 만들기 작업은 무엇인가요?

5. 만나기 / 내가 만나고 싶은 사람은 누구인가요?

재미있는 일상을 지내기 위해 계획한 5가지 이벤트 내용을 가정에서 실천하고 그 실천내용을 기록해 보세요.

5가지 이벤트	내가 선택한 것 v표	실천한 내용 기록하기
1. 모으기		
2. 동식물 키워보기		
3. 배우기		
4. 만들기		
5. 만나기		

| 함께 찬양해요!

1. 내가 매일 기쁘게 (찬송가 191장)
2. 무화과 나무잎이 마르고(경배와 찬양)

| 함께 기도해요!

1. 우리에게 일상을 통한 행복을 허락하신 하나님께 감사드립니다.
2. 우리에게 주어진 일상을 통해 하나님이 원하시는 소명을 이루어드리게 하소서.
3. 시니어교육 과정을 통해 감사와 행복을 경험하며 지내는 일주일 되게 하소서.

다음주 과제

07 시니어의 관계적 삶2

말씀의 시니어

1 유순한 대답은 분노를 쉬게 하여도 과격한 말은 노를 격동하느니라
2 지혜 있는 자의 혀는 지식을 선히 베풀고 미련한 자의 입은 미련한 것을 쏟느니라
3 여호와의 눈은 어디서든지 악인과 선인을 감찰하시느니라
4 온순한 혀는 곧 생명 나무이지만 패역한 혀는 마음을 상하게 하느니라

잠언 15장 1-4절

| '말'과 관련하여 생각나는 속담이 있으신가요? 하나만 적어보세요.

| 옆에 분과 속담을 서로 나누고, 들었을 때 어떤 생각이 들었는지 이야기해 보세요.

1. 시니어의 인간관계

- 시니어와 배우자
- 시니어와 성인 자녀
- 시니어와 손자녀
- 시니어의 사회적 관계

2. 관계에 있어서 대화(말)의 중요성

- 로젠버그의 대화를 방해하는 다섯 가지 요소

3. 대화를 방해하는 다섯 가지 요소

● 판단하는 말: 다른 사람의 말을 판단하거나 평가하는 말입니다. 이러한 말은 들은 상대방은 자신을 거부하는 메시지로 받아들이기 때문에 소통이 되지 않게 됩니다.

예) ______________________________

● 강요하는 말: 상태의 선택과 욕구를 배려하지 않고 나의 요청을 들어주길 바라는 말, 따르지 않으면 비난과 벌 혹은 위협적인 말을 표현하는 경우입니다.

예) ______________________________

● 당연시하는 말: 사람이 어떤 행동을 한 결과에 따라 상이나 벌을 당연히 받아야 한다는 생각을 갖는 것입니다.

예) ______________________________

● 책임을 부인하는 말: 자기 생각과 느낌과 행동에 대해 책임을 부인하는 말, 자기 행동에 대한 책임은 없다고 말하는 경우입니다.

예) ______________________________

● 비교하는 말: 비교는 비판의 일종으로 비판을 당하면 경쟁, 비참, 두려움과 불안을 일으킵니다. 다른 사람들에게 경쟁과 비교의 대상이 되면 배려나 공감이 어려워지고 우울하게 될 수 있습니다.

예) ______________________________

4. 비폭력 대화의 4단계

● **첫 번째 단계는 "관찰":** 직접 보고 들은 것을 말하세요.

해석이나 평가가 없이 우리가 보고 들은 그대로의 사실을 캠코더로 사물을 촬영하듯이 말합니다.

내가 ______________ 을 보거나, 들었을 때 해석, 평가 없이 사실을 표현하기

● **두 번째 단계는 "느낌":** 느낌을 솔직하게 말하세요.

현재 어떤 느낌을 가지는지 인정하고, 솔직한 자신의 느낌을 적절하게 표현하기

● **세 번째 단계는 "욕구":** 감정 뒤에 숨겨진 욕구와 필요를 알아차리고 표현하는 것입니다.

나의 욕구를 의식하여 필요를 알고, 표현하기

"왜냐하면 나는 ____________________ 이 필요하기 때문이다."

● **네 번째 단계는 "부탁"과 "요청":** 상대방에게 구체적이고 긍정적인 행동을 요청합니다.

상대방에게 자신의 필요를 충족시키기 위해 구체적으로 도움을 요청하기

(출처. 마셜 B. 로젠버그의 비폭력 대화 중)

대화를 잘하는 시니어!

준비물

'대화하기 연습 카드' 4장(활동자료 p.73), 목걸이 명찰, 하트나 별 스티커, 필기도구, 음원(즐겁게 춤을 추다가 그대로 멈춰라!)

이렇게 참여해요!

1. 진행자가 프로그램 활동에 관해 설명하는 것을 잘 듣습니다.
2. 진행자가 나누어 주는 목걸이 명찰과 스티커를 받아 목에 겁니다.
3. 워크북에 있는 '대화하기 연습 카드' 4장을 점선에 따라 뜯은 후, 손에 들고 서서 준비합니다.
4. '즐겁게 춤을 추다가' 음악이 나오면 음악에 맞춰 춤을 추다가, 진행자의 "동작을 멈추라"는 지시에 멈추어, 두 명씩 짝을 지어서 가위, 바위, 보를 합니다.
5. 진행자가 가상의 상황을 설정하여 제시합니다.
   예) "아들과 며느리가 혹은 딸과 사위가 내 앞에서 싸우고 있습니다."
   "명절에 자녀 내외와 손주들이 일찍 집으로 돌아갔습니다."
6. 들고 있는 '대화하기 연습 카드' 4장을 1~4번 카드의 순서대로 차례로 연습합니다. 우선 이긴 사람이 질문을 하고 진 사람은 대답을 하며, 교대로 연습합니다.
7. '대화하기 연습 카드' 4장 연습을 마친 후, 상대방에게 스티커를 하나씩 받아 이름표 내지에 붙입니다.
8. '대화하기 연습 카드' 활동을 통해 좋은 관계를 위해 대화를 잘하는 시니어가 되기를 다짐합니다.

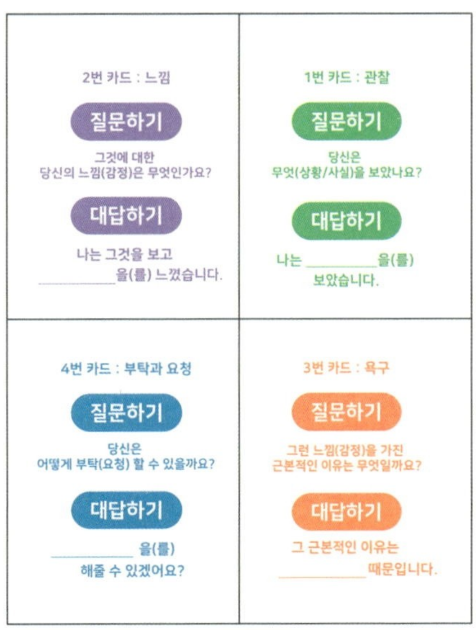

시니어의 관계적인 삶을 위해서 대화가 얼마나 중요한 지를 배웠습니다. 대화를 방해하는 판단이나, 강요, 당연시하는 말, 책임을 부인하거나 비교하는 말 대신에 바른 대화를 실천해 봅시다. 보고 들은 내용을 그대로 관찰하여 이야기 합니다. 솔직한 내 마음을 표현합니다. 그리고 내 필요와 욕구를 표현하며 정중하게 부탁하는 훈련을 해 봅시다.

이번 한 주간, 가정에서도 '말하는 연습카드' 4장으로 대화를 연습하고, 연습한 날을 평가해 보세요

상황	관찰	느낌	욕구	부탁과 요청

| 함께 찬양해요!

1. 사랑하는 주님 앞에(찬송가 220장)
2. 내 입술의 말과_시편 19편(경배와 찬양)

| 함께 기도해요!

1. 이 시간 말의 중요성에 대해 배우게 하신 하나님께 감사합니다.
2. 선하고 지혜로운 말로 사람을 세우며, 노년기에 소명을 잘 감당하는 삶으로 인도하소서.
3. 가족과 이웃 그리고 교회 안의 모든 사람과 건강한 관계를 이루는 일주일이 되게 하소서.

다음주 과제

08

시니어의 정서적 삶

말씀의 시니어

1 산발랏이 우리가 성을 건축한다 함을 듣고 크게 분노하여 유다 사람들을 비웃으며
2 자기 형제들과 사마리아 군대 앞에서 일러 말하되 이 미약한 유다 사람들이 하는 일이 무엇인가, 스스로 견고하
게 하려는가, 제사를 드리려는가, 하루에 일을 마치려는가 불탄 돌을 흙 무더기에서 다시 일으키려는가 하고
3 암몬 사람 도비야는 곁에 있다가 이르되 그들이 건축하는 돌 성벽은 여우가 올라가도 곧 무너지리라 하더라
4 우리 하나님이여 들으시옵소서 우리가 업신여김을 당하나이다 원하건대 그들이 욕하는 것을 자기들의 머리에
돌리사 노략거리가 되어 이방에 사로잡히게 하시고
5 주 앞에서 그들의 악을 덮어 두지 마시며 그들의 죄를 도말하지 마옵소서 그들이 건축하는 자 앞에서 주를 노하
시게 하였음이니이다 하고
6 이에 우리가 성을 건축하여 전부가 연결되고 높이가 절반에 이르렀으니 이는 백성이 마음 들여 일을 하였음이
니라

느헤미야 4장 1-6절

| 요즘 마음에 자주 떠오르는 감정이나 기분이 있다면 무엇인가요?

| 일상에서 특별히 기쁨이나 즐거움을 느끼는 순간이 있으신가요?

1. 감정은 하나님이 주시는 ________ 입니다.

하나님은 다양한 감정을 통해 우리와 소통하십니다. 성경에는 하나님의 분노, 기쁨, 슬픔, 질투, 사랑 등 다양한 감정표현이 기록되어 있습니다. 하나님은 다양한 감정표현으로 자신의 인격과 뜻을 드러내며, 또한 우리에게 감정이 무엇인지 가르쳐 줍니다. 리처드 포스터는 감정이 하나님과의 관계를 깊게 하는 통로가 될 수 있다고 강조합니다.

그런데 많은 그리스도인들이 감정을 부정하거나 하찮게 여깁니다. 특별히 분노와 우울, 두려움 같은 감정이 들면 죄를 짓는 것 같습니다. 그러나 감정을 부정하면 하나님께 받은 형상을 왜곡하고, 하나님과 만날 귀한 기회를 잃게 됩니다.

2. 시니어에게 낙심이 찾아올 수 있습니다.

1) 고립과 ____________________의 심화

퇴직 후 시니어들은 사회적 역할이 줄어들고, 사람을 만날 기회가 적어지면서 자신이 필요하지 않다고 느낄 때가 많습니다. 또한 빠르게 변화하는 디지털 환경에 적응하기 어려운 시니어들은 젊은 세대와 소통에서 소외감을 느끼기도 합니다. 자녀와 물리적으로 떨어져 살게 되면서 정서적 고립이 심화되고, 외로움과 상실감이 큰 낙심으로 이어질 수 있습니다.

2) 사회적 가치의 __________ 와 _______________

현대 사회는 생산성과 효율성을 중시합니다. 은퇴한 시니어의 경우 경제활동에서 제외되면서 자신의 가치를 낮게 평가합니다. 또한 기술에 익숙하지 않거나 새로운 것을 배우기 어렵다는 편견은 시니어들이 사회적 활동에 참여하는 것을 방해합니다. 소외되는 경험이 반복되는 것은 시니어들의 자존감을 낮추고 정서적 안정을 해치는 요인으로 작용할 수 있습니다.

3) 경제적 __________ 과 ______________

경제적 어려움은 시니어의 생활 방식에 직접적인 제약을 가하며, 특히 여가 생활과 사회적 관계에 큰 영향을 미칩니다. 결국 경제적인 어려움은 단순한 금전적 문제가 아닌 정서적 안정에도 큰 영향을 미칩니다.

4) 건강 문제로 인한 ______________________________

건강이 약해지며 시니어들은 신체적 제약으로 인해 불안과 낙심을 느끼고, 자신이 짐이 된다고 여길 수 있습니다. 건강이 약해지면서 활동이 줄어드는 만큼 일상에 활력을 찾기 어려워집니다.

3. 시니어, 낙심을 소명으로!

1) __________께 __________ 맞추기

문제에만 집중하면 더 큰 불안과 낙심에 빠지기 쉽지만, 하나님을 바라볼 때 사랑과 위로를 경험하며 평안과 소망을 얻을 수 있습니다. 하나님은 우리의 고통을 이해하시고 상처를 치유하시는 분으로, 그분을 의지할 때 새로운 시각과 소망을 발견할 수 있습니다.

2) __________부터 시도하기

규칙적인 수면, 균형 잡힌 식사, 햇빛 아래 산책, 사람들과의 교류, 찬양 듣기 등 작은 변화들이 정서적 건강을 회복하는 데 도움이 됩니다. 또한 시니어는 축적된 지혜와 경험을 나누며 삶의 의미를 발견할 수 있습니다. 요리법이나 살림팁, 신앙의 깨달음을 기록하거나, 자원봉사에 참여하는 등 자신이 가치있는 존재임을 자각하며 낙심을 이겨낼 수 있습니다.

3) __________와 함께 걷기

가족, 친구, 교회 공동체와의 정서적 유대감은 시니어들에게 큰 지지와 위로를 제공합니다. 강한 사회적 지지망은 고립감과 우울감을 줄이고 삶의 긍정적인 태도를 유지하도록 돕습니다. 함께 예배하고 찬양하며 하나님께 삶을 맡길 때 평안과 소망을 얻을 수 있습니다.

4) __________ 고백하기

감사는 마음을 변화시키고 회복력을 높여 행복감을 키우며 우울감을 줄여줍니다. 감사 일기를 쓰거나 감사를 표현하면 하나님의 은혜를 더 깊이 깨닫고 평안을 누릴 수 있습니다. 감사는 인생을 바라보는 관점을 바꾸어 낙심 대신 소망과 의미를 찾게 하는 중요한 신앙 훈련입니다.

하나님은 우리에게 감정을 선물로 주셨습니다. 때론 여러 어려움으로 인해 낙심에 빠지기도 합니다. 하지만 하나님은 우리가 낙심에 빠져 허우적대는 것이 아니라 소망으로 오늘을 살아가길 원하십니다. 이제 우리가 겪고 있는 정서적 어려움을 솔직하게 고백하고 하나님께 맡기는 시간을 가집시다.

1. 나의 어려운 마음을 하나님께 고백합니다.
마음이 낙심하게 된 이유를 찾아 표시하고 솔직하게 하나님께 이야기해요.

☐ 고립과 외로움(사별, 상실 등) ☐ 무력감(은퇴, 사회적 관계 단절 등)
☐ 경제적 어려움 ☐ 신체 변화(노화)

예) "하나님 저는 최근 사랑하는 친구를 잃었습니다. 내 마음은 상실감과 슬픔으로 가득 차 있습니다.",
"하나님, 몸이 여기저기 안 아픈 곳이 없습니다. 몸이 힘드니 가족들에게 짐이 되는 것 같아 슬픕니다."

2. 낙심을 소망으로 하나님께 내어 맡기기로 결단합니다.
그리고 구체적으로 실천할 것을 찾아 기록해 보세요

☐ 하나님께 시선 맞추기 ☐ 삶의 지혜 나누기
☐ 공동체와 함께 걷기 ☐ 감사 고백하기

3. 하나님의 도우심을 구하며 아래의 말씀 중 마음에 위로가 되는 말씀을 선택하여 따라 적어 보세요.

- **시편 34편 18절** 여호와는 마음이 상한 자를 가까이 하시고 충심으로 통회하는 자를 구원하시는도다
- **마태복음 11장 28-29절** 수고하고 무거운 짐 진 자들아 다 내게로 오라 내가 너희를 쉬게 하리라 나는 마음이 온유하고 겸손하니 나의 멍에를 메고 내게 배우라 그리하면 너희 마음이 쉼을 얻으리니
- **이사야 41장 10절** 두려워하지 말라 내가 너와 함께 함이라 놀라지 말라 나는 네 하나님이 됨이라 내가 너를 굳세게 하리라 참으로 너를 도와 주리라 참으로 나의 의로운 오른손으로 너를 붙들리라
- **시편 42편 11절** 내 영혼아 네가 어찌하여 낙심하며 어찌하여 내 속에서 불안해 하는가 너는 하나님께 소망을 두라 나는 그가 나타나 도우심으로 말미암아 내 하나님을 여전히 찬송하리로다
- **빌립보서 4장 6-7절** 아무 것도 염려하지 말고 다만 모든 일에 기도와 간구로, 너희 구할 것을 감사함으로 하나님께 아뢰라 그리하면 모든 지각에 뛰어난 하나님의 평강이 그리스도 예수 안에서 너희 마음과 생각을 지키시리라

일어서서 나아가

시니어는 살아온 시간만큼 삶의 지혜가 축적되어 있습니다. "나이 들어서 할 수 없어!", "나를 불러주는 사람이 없어."라고 무력하게 지내는 것이 아니라 적극적으로 하나님께서 허락하신 삶의 자리에서 소명을 찾아 실천하십시오. 먼저 교회에서 할 수 있는 활동을 신청하고, 다음주 새로운 봉사의 기쁨을 누리십시오. 봉사를 마친 후 아래 질문에 대답해 보세요.

☐ 예배 환영 ☐ 교회학교 협력 ☐ 예배준비팀 ☐ 새가족 안내 ☐ ____________

1. 봉사하면서 어떤 기쁨을 느꼈나요?

2. 이번 경험을 통해 정서적으로 어떤 변화를 느꼈나요?

3. 앞으로 교회 공동체에서 하고 싶은 봉사나 역할이 있다면 무엇인가요?

4. 오늘 활동을 통해 교회 공동체로 한몸됨을 경험했나요?

| 함께 찬양해요!

1. 내 영혼에 햇빛 비치니(찬송가 428장)
2. 너 근심 걱정 말아라(찬송가 382장)

| 함께 기도해요!

1. 마음이 힘들고 어려움 속에서도 하나님의 평안을 경험하게 하소서.
2. 교회 공동체 안에서 새로운 사명을 발견하게 하소서.
3. 삶의 모든 순간에 하나님의 은혜를 기억하고 감사하게 하소서.

다음주 과제 교회 내 봉사처 방문하기

09 새로운 꿈의 조각 모음

말씀의 시니어

13 너희 안에서 행하시는 이는 하나님이시니
자기의 기쁘신 뜻을 위하여 너희에게 소원을 두고 행하게 하시나니

빌립보서 2장 13절

| 지금까지 해보고 싶었지만, 아직 못해본 일들이 있다면 어떤 일인가요?

| 하나님께서 나를 통해 이루고 싶어 하시는 일이 있다면,
지금이라도 당장 시작할 수 있는 작은 일은 무엇인가요?

존 고다드(1924~2013)

1. 존 고다드의 꿈의 목록

존 고다드는 탐험가이자 인류학자, 다큐멘터리 제작자입니다. 존 고다드가 진짜 유명한 이유는 어렸을 적부터 적어 오던 '꿈의 목록' 때문입니다. 고다드는 1940년 15살 나이에 127개의 목표를 적은 리스트를 작성하고 그중 109개를 실현했습니다. 존 고다드에게 꿈의 목록은 단순한 꿈의 나열이 아닌 자신의 삶을 원하는 대로 살아가기 위한 구체적인 계획서였습니다.

2. 우리에게 허락하신 시간

● 흘러가는 (______)의 시간: 크로노스

시계나 달력으로 측정할 수 있는 일상의 시간입니다. 아침에 해가 뜨고, 저녁에는 해가 지는 하루하루의 반복을 의미하죠. 이 시간은 때론 지루하고 반복적으로 느낄 수 있습니다. 하지만 일상의 시간을 무던히 보내면서 우리 자녀들은 성장하였고, 한 사회의 일원으로 삶을 살아갑니다. 하나님은 우리를 이 시간의 흐름 속에 두시며, 성실하게 일상에서 그분을 신뢰하고 따르도록 하십니다. 일상의 꾸준함이 없으면 성장이 없습니다. 하나님은 일상의 일들 속에서 우리가 하나님의 임재를 느끼고, 그분의 계획을 이루어가길 원하십니다.

● 하나님의 (________) 순간: 카이로스

이 시간은 시계로 재는 시간이 아니라, 하나님이 우리에게 보여주시는 뜻을 깨닫고 중요한 결단을 내려야 할 때를 의미합니다. 성경 속에 이 특별한 순간을 경험한 이들이 있습니다. 모세는 양치는 목동으로 하루하루 보내고 있었지만, 불타는

떨기나무를 보게 되고 그 앞에서 하나님의 부르심에 응답해야 하는 순간을 맞이합니다. 이처럼 하나님은 우리 삶에 특별한 순간을 허락하셔서 하나님의 뜻을 이루어가길 원하십니다. 하나님은 우리에게 뜻을 보여주시며 그 뜻을 따라 살아가도록 부르십니다.

3. 하나님의 시간 속에서 살아가기

● 하나님께서는 일상과 특별한 순간을 통해 우리를 준비시키십니다. 은퇴 후의 삶도 쉬는 시간이 아니라, 지혜와 경험으로 하나님의 소명을 이루는 기회입니다. 어린이를 돕거나 복음을 전하는 일, 새로운 배움 등 작은 행동들이 하나님께서 주신 특별한 시간입니다. 오늘을 성실히 살아가며 하나님의 때를 기대하세요. 하나님은 여러분을 통해 ______________을 나타내실 것입니다.

4. 꿈의 조각 모음

● 하나님의 기쁨이 되는 삶을 꿈의 목록으로 만들어야 합니다. 특별한 것 없어 보이는 일상이 새로운 꿈의 조각이며, 이러한 작은 행동들이 모여 하나님의 소명을 이루는 자리로 나아가게 합니다. 조각이 제각각 있으면 온전한 그림을 알 수 없지만, 조각이 모이면 완성된 그림을 볼 수 있습니다. 하루하루 일상을 소명의 자리로 만들어 갈 때 우리를 통한 하나님의 섭리는 완성됩니다.

이제는 꿈의 조각을 작성하는 시간을 가지려고 합니다.
먼저 내 하루의 일상에서 이루고 싶은 꿈을 기록해 보세요.
아직 이루지 못한 꿈이 있다면 어떤 꿈인가요? 이루고 싶은 꿈을 적어보세요.

꿈의 조각

1
2
3
4
5
6
7
8
9
10
11
12
13
14
15

앞서 기록한 꿈들이 내 기쁨과 만족만을 위한 꿈들인가요?
아니면 하나님의 자녀로 소명의 꿈인가요?

이제 꿈을 가지치기합니다. 일상에서 소명을 이루어나갈 꿈의 조각을 적어보세요.

내 개인적으로	1. 2. 3.
가족 안에서	1. 2. 3.
교회 안에서	1. 2. 3.
이웃이나 친구(관계) 안에서	1. 2. 3.

작은 일부터 시작해 보세요. 오늘 누구를 축복하거나, 감사의 기도를 드리거나, 교회에서 작은 봉사를 하는 것도 꿈의 조각이 될 수 있습니다. 하나님은 여러분의 작은 걸음도 크게 사용하십니다. "나는 늦었다."라고 생각하지 마세요. 하나님께는 지금이 바로 시작할 가장 좋은 때입니다. 여러분의 하루하루가 하나님이 기뻐하시는 아름다운 그림으로 완성될 것입니다.

한 주간 실천했던 꿈의 조각을 기록해 보세요. 꿈의 조각을 실천했을 때 어떤 마음이었나요?
꿈의 조각이 완성되었을 때 들었던 마음을 그림으로 그려보세요.

한 주간 완성한 꿈의 조각

1.
2.
3.
4.
5.

꿈의 조각이 완성되었을 때 들었던 생각과 마음을 그림으로 표현해요.

| 함께 찬양해요!

1. 내 구주 예수를 더욱 사랑(찬송가 314장)
2. 나 주님의 기쁨되기 원하네

| 함께 기도해요!

1. 삶의 모든 순간에 하나님이 일하심을 신뢰합니다.
2. 하나님이 내게 주신 소명을 깨닫게 하소서.
3. 하루하루를 소중히 여기며 하나님께 쓰임 받는 삶을 살게 하소서.

다음주 과제

10
소명의 길을 걷다

하나님께서 당신을 통해

송정미

하나님께서 당신을 통해
메마른 땅에 샘물 나게 하시기를
가난한 영혼 목마른 영혼
당신을 통해 주 사랑 알기 원하네

소명 선언문 낭독

지난 9주간의 시간을 되돌아보며, 새로운 꿈의 목록 중 내게 가장 의미 있는 '소명의 목표' 한 가지를 선택해 기록해 보세요.

예) "나는 앞으로 어린이교회에서 아이들을 나의 손주처럼 섬기며 믿음을 전하겠습니다."
"나는 매달 소정의 헌금을 통해 도움이 필요한 이웃을 섬기겠습니다."

축복 나누기

함께 과정을 마친 지체들에게 축복의 글로 서로를 격려해주세요.

활동자료
/
스티커

소명
시니어
에센스
교육 기

이름

1. 시니어 에센스 '소명' 과정을 함께 하는 분들과 인사를 나누며 이름을 적어보세요.

2. 시니어 에센스 '소명' 과정에서 기대하는 것은 무엇인가요?

3. 시니어 에센스 '소명' 과정을 위해 기도하고 싶은 것은 무엇인가요?

의 인생소명 Car

앞으로 감당할 소명
이전에 감당했던 소명

1번 카드

관 찰

직접 보고 들은 것을 말하세요

2번 카드

느 낌

느낌을 솔직하게 말하세요

3번 카드

욕 구

감정 뒤에 숨겨진
욕구와 필요를 말하세요

4번 카드

부탁과 요청

상대방에게 필요에 대해
구체적으로 요청하세요

1번 카드 : 관찰

질문하기

당신은
무엇(상황/사실)을 보았나요?

대답하기

나는 ____________을(를)
보았습니다.

2번 카드 : 느낌

질문하기

그것에 대한
당신의 느낌(감정)은 무엇인가요?

대답하기

나는 그것을 보고
____________을(를) 느꼈습니다.

3번 카드 : 욕구

질문하기

그런 느낌(감정)을 가진
근본적인 이유는 무엇일까요?

대답하기

그 근본적인 이유는
____________때문입니다.

4번 카드 : 부탁과 요청

질문하기

당신은
어떻게 부탁(요청) 할 수 있을까요?

대답하기

____________ 을(를)
해줄 수 있겠어요?

기 도

운 동

식 사

독 서

청소와 살림

가족돌봄

친구만남

간식과 음료 섭취

교회봉사

사회봉사

취미(음악)

취미(미술)

산 책

등 산